STAR WARS™

Han Solos Abenteuer
und andere spannende Geschichten

Dorling Kindersley
London, New York, Melbourne, München und Delhi

Für Dorling Kindersley:
Cheflektorat Catherine Saunders
Art Director Lisa Lanzarini
Projektleitung Simon Beecroft
Programmleitung Alex Allan

Für Lucasfilm:
Chefredaktion J.W. Rinzler
Art Director Troy Alders
Hüter des Holocrons Leland Chee
Programmleitung Carol Roeder

Für die deutsche Ausgabe:
Programmleitung Monika Schlitzer
Projektbetreuung Florian Bucher
Herstellungsleitung Dorothee Whittaker
Herstellung Anna Ponton

Bibliografische Information der Deutschen Bibliothek
Die Deutsche Bibliothek verzeichnet diese Publikation in der
Deutschen Nationalbibliografie; detaillierte bibliografische Daten sind
im Internet über http://dnb.ddb.de abrufbar.

Titel der englischen Originalausgaben:
The Adventures of Han Solo, Join The Rebels, Journey Through Space,
R2–D2 and Friends, A Queen's Diary

Gestaltung © Dorling Kindersley Limited, London
Ein Unternehmen der Penguin-Gruppe

© der deutschsprachigen Ausgabe by Dorling Kindersley Verlag GmbH, München, 2012
Alle deutschsprachigen Rechte vorbehalten

Übersetzung Anke Wellner-Kempf
Redaktion Marc Winter
Lektorat Kristine Harth

ISBN 978-3-8310-2135-2

Printed and bound in China by L-Rex

Besuchen Sie uns im Internet
www.dorlingkindersley.de
www.starwars.com

STAR WARS™

Han Solos Abenteuer
und andere spannende Geschichten

DORLING KINDERSLEY

Inhalt

STAR WARS™
HAN SOLOS ABENTEUER

von Lindsay Kent

Das ist Han Solo.
Han ist ein toller Pilot und
ein geschickter Kämpfer.
Er ist auch sehr schlau.

Han Solo kämpft für die Rebellen. Die Rebellen kämpfen gegen das böse Imperium. Sie finden, dass der Herrscher über das Imperium die Menschen in der Galaxis schlecht behandelt.

Fieser Anführer
Imperator Palpatine ist der böse Herrscher über das galaktische Imperium.

Han ist ein sehr mutiger Mann.
Er hilft den Rebellen den Todesstern zu zerstören. In der Schlacht
fliegt Han ein schnelles Raumschiff, das *Millennium Falke*
heißt. Er kämpft gegen die Raumschiffe des Imperators. Für seinen
Mut bekommt Han eine goldene
Medaille.

Todesstern
Der Todesstern
ist eine große
Raumstation
des Imperiums.
Er hat einen
mächtigen Laser-
strahl, der einen
ganzen Planeten
zerstören kann.

Chewbacca ist ein Wookiee.
Er ist größer als ein erwachsener
Mensch und hat langes Fell.
Er ist Han Solos bester Freund.

Han nennt Chewbacca „Chewie".
Wookiees sprechen eine seltsame
Sprache namens Shyriiwook. Han
kann mit Chewie sprechen, denn er
ist mit Wookiees aufgewachsen.

Kopilot
Chewie und Han steuern
das schnelle Raumschiff
Millennium Falke.

Han hat sein Raumschiff, den *Millennium Falken*, beim Glücksspiel gewonnen.

Das Schiff ist sehr alt. Manchmal müssen Han und Chewie es mitten in einer Schlacht reparieren.

Das Schiff hat einen Hyperantrieb,
den Han und Chewie eingebaut
haben. Dadurch fliegt es sehr
schnell. So können Han und Chewie
ihren Verfolgern entkommen.

Han war früher ein Pirat.
Er schmuggelte verbotene Waren
durch die ganze Galaxis.
Han versteckte das Schmuggelgut
in Geheimkammern im Raumschiff.

**Imperiale
Sturmtruppen**
Diese Soldaten
kämpfen für das
Imperium.

Einmal müssen sich Han und seine
Freunde in den Geheimkammern
vor den Sturmtruppen verstecken.

Jabba der Hutt

Das ist Jabba der Hutt, ein mächtiger Gangsterboss. Früher arbeitete Han manchmal für ihn. Einmal verlor er Jabbas Ware. Jabba war nicht erfreut.

Kopfgeldjäger
Greedo ist ein
Kopfgeldjäger.
Er ist auf der
Suche nach Han.

Han Solo schuldet Jabba deshalb
Geld. Jabba schickt Kopfgeldjäger, die Han fangen sollen. Die
Belohnung ist sehr hoch. Deshalb
suchen Kopfgeldjäger aus der
ganzen Galaxis nach Han.

Han braucht schnell viel Geld,
damit er seine Schulden bei Jabba
bezahlen kann. Er hört, dass der
Jedi-Ritter Obi-Wan Kenobi und
sein Freund Luke Skywalker zum
Planeten Alderaan reisen wollen.

Jedi-Ritter
Jedi-Ritter sind Krieger des Jedi-Ordens.
Sie kämpfen für das Gute und beschützen
die Lebewesen in der Galaxis.

Han und Chewbacca bieten ihnen
an, mit ihnen nach Alderaan
zu fliegen. Sie wollen dafür eine
Belohnung.

Das ist Luke Skywalker.
Luke ist ein Jedi-Ritter.
Luke und Han werden auf
dem Flug gute Freunde.
Luke wird auf dem
Eisplaneten Hoth
vermisst. Die Kälte
ist sehr gefährlich
doch Han geht
auf die Suche
nach seinem
Freund.

Luke ist verletzt, als Han Solo ihn findet. Han hält Luke warm, bis Hilfe kommt.

Das ist Prinzessin Leia. Sie ist eine Anführerin der Rebellen.

Han trifft Leia bei ihrer Rettung vom Todesstern. Zuerst mögen Han und Leia sich nicht und streiten immer. Doch dann ver-lieben sie sich.

Das ist Lando Calrissian,
Han Solos guter Freund.
Lando ist Herrscher über
die Wolkenstadt.
Han, Leia und Chewie fliehen vor
Darth Vader in die Wolkenstadt.

Lando verspricht die Freunde zu
verstecken. Doch das ist eine Falle.
Darth Vader wartet schon in der
Wolkenstadt. Lando wollte Han
nicht hereinlegen, aber Darth
Vader hat ihn dazu gezwungen.

Darth Vader
Darth Vader war früher
der Jedi-Ritter Anakin
Skywalker. Jetzt sieht er
wie ein Roboter aus. Er
gehorcht dem bösen
Imperator Palpatine.

Han Solo

Lando
Calrissian

Hans Abenteuer sind sehr gefährlich. Einmal landet sein Schiff aus Versehen im Bauch einer riesigen Weltraumschnecke. Gerade noch rechtzeitig kann er wieder herausfliegen.

Gefährliche Mission

Eine Mission führt Han und seine Freunde auf den Todesstern. Dort sitzen sie in einer stinkenden Müllpresse in der Falle. Zum Glück werden sie von den freundlichen Droiden C-3PO und R2-D2 gerettet.

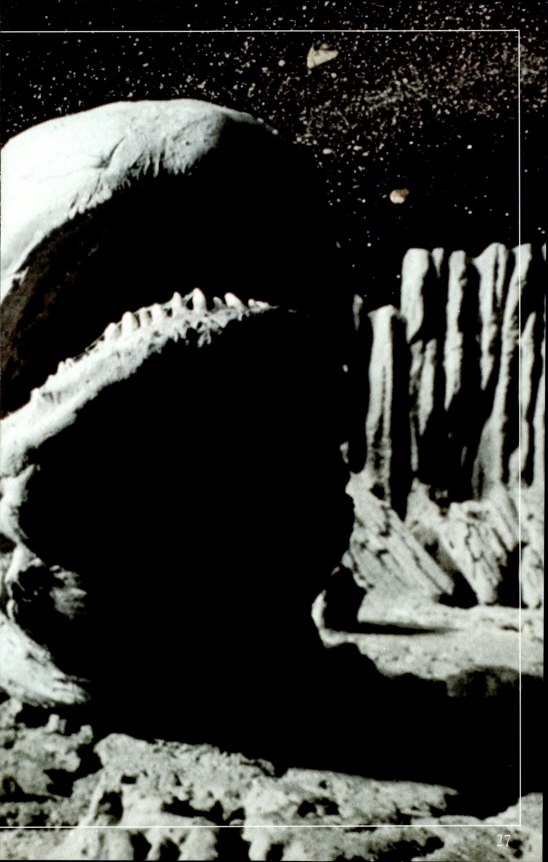

In der Wolkenstadt wird Han Solo
gefangen. Darth Vader friert ihn in
Karbonit ein. Han kann sich nicht
bewegen.

Der Kopfgeldjäger Boba Fett bringt
Han Solo nach Tatooine.
Boba Fett übergibt Han an den
Gangster Jabba.
Er möchte eine
Belohnung
kassieren.

Boba Fett

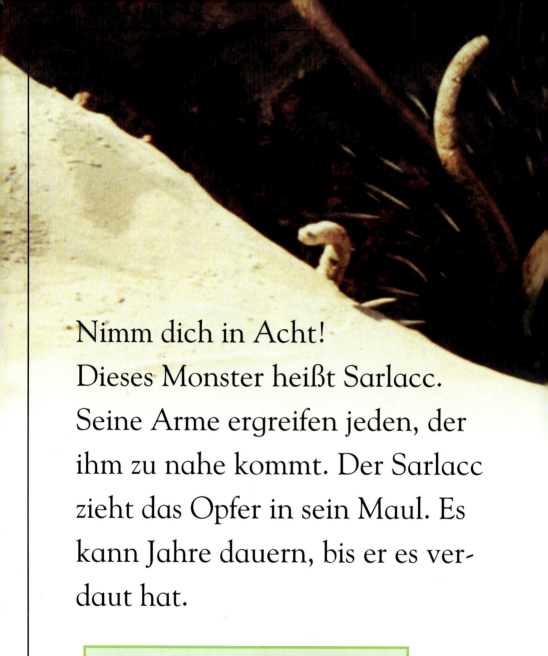

Nimm dich in Acht!

Dieses Monster heißt Sarlacc.

Seine Arme ergreifen jeden, der ihm zu nahe kommt. Der Sarlacc zieht das Opfer in sein Maul. Es kann Jahre dauern, bis er es verdaut hat.

Gute Freunde
Lando Calrissian fällt beinahe in das Maul des Sarlacc. Han Solo rettet Lando das Leben.

Jabba will Han und seine Freunde
an den Sarlacc verfüttern. Aber
sie können entkommen.

Han ist durch die ganze Galaxis geflogen und hat viele seltsame Wesen gesehen. Auf dem Mond von Endor trifft er Ewoks.

Ewoks sind sehr klein, aber auch
mutig und stark. Sie nehmen Han
und die Rebellen gefangen. Aber
später werden sie alle Freunde.

Die Ewoks kämpfen mit den
Rebellen. Zusammen besiegen
sie die imperialen Truppen. Sie
feiern ihren Sieg mit einem Tanz.

Star Wars-Quiz

1. Welchen Namen hat Han Solos Raumschiff?

2. Wie heißt dieser Kopfgeldjäger?

3. Wer ist Han Solos Kopilot und Freund?

4. In wen verliebt sich Han Solo?

Lösung: 1. *Millennium Falke* 2. Boba Fett 3. Chewbacca 4. Prinzessin Leia

34

STAR WARS™
LUKE UND DIE REBELLEN

von Catherine Saunders

Ich heiße Luke Skywalker. Ich lebe bei meinem Onkel Owen und meiner Tante Beru auf dem Planeten Tatooine.

Mein Onkel will, dass ich Farmer werde. Aber ich möchte lieber auf die imperiale Akademie.
Ich möchte Pilot werden wie mein Freund Biggs Darklighter.

C-3PO und R2-D2
Onkel Owen hat diese Droiden von Jawa-Händlern gekauft. C-3PO ist ein Protokolldroide. Er spricht viele Sprachen. R2-D2 ist ein Astromechdroide.

Mein Leben auf dem Wüsten-
planeten Tatooine ist sehr ruhig.
Jeden Tag helfe ich meinem Onkel
auf seiner Feuchtfarm. Ich träume
von großen Abenteuern.

In anderen Teilen der Galaxis
ist das Leben aufregend
und gefährlich. Der böse
Imperator Palpatine
herrscht über die
Galaxis. Er hat eine
mächtige Waffe,
den Todesstern.
Er kann einen
ganzen Plane-
ten zerstören.

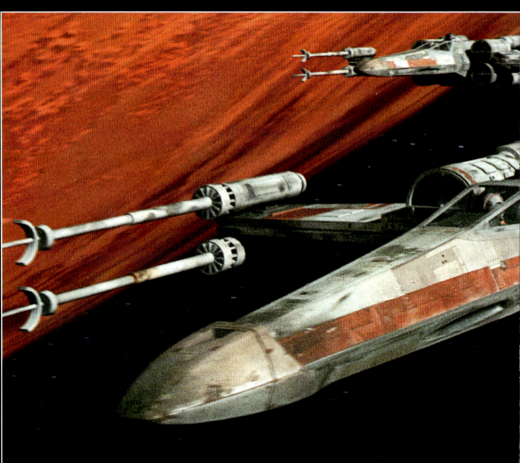

Viele mutige Menschen haben sich gegen das böse Imperium ver-bündet. Diese Rebellen wollen den Imperator besiegen. Ich möchte mit ihnen kämpfen. Der Imperator will die Rebellen vernichten, aber er weiß nicht, wo sie sind.

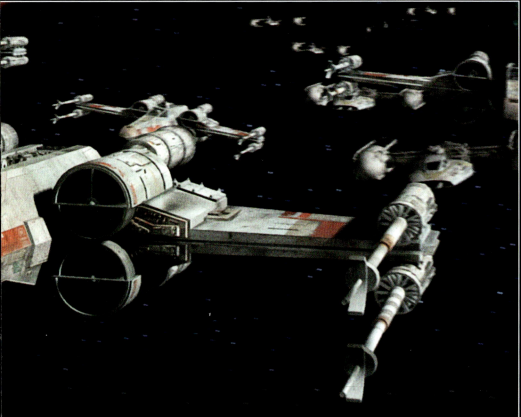

Die Rebellen haben auf Yavin 4
eine geheime Basis. Dort planen sie
ihre Angriffe auf das Imperium.

Das ist Prinzessin Leia. Sie führt
die Rebellen an. Sie hat schon
bei vielen gefährlichen Missionen
geholfen. Jetzt hält
der böse Sith-Lord
Darth Vader sie
gefangen.

Der Droide R2-D2 bringt eine Botschaft von Prinzessin Leia. Sie braucht die Hilfe des Jedi-Meisters Obi-Wan Kenobi. Ich möchte auch helfen!

Darth Vader
Der böse Darth Vader war einmal ein guter Jedi. Jetzt dient er dem Imperator. Er will die Rebellen aufhalten.

Prinzessin Leia hat die Pläne des
Todessterns in R2-D2 gespeichert.
Obi-Wan und ich müssen sie
schnell zu Leias Heimatplaneten
Alderaan bringen. Wir werden mit
dem *Millennium Falken* hinfliegen.
Das ist eines der schnellsten
Raumschiffe in der Galaxis.

Han Solo ist der Pilot.

Der Wookiee Chewbacca ist sein

Kopilot.

Der Planet Alderaan wurde vom Todesstern zerstört. Nun werden wir von einem Traktorstrahl zum Todesstern gezogen.

Ich bin weit weg von Tatooine. Ein großes Abenteuer wartet auf mich. Ich will Prinzessin Leia retten und den Rebellen helfen.

Ein Rebell zu sein, ist nicht einfach!
Die imperialen Sturmtruppen
feuern aus allen Richtungen auf
uns. Jetzt sitzen wir in einer
stinkenden Müllpresse fest.

Nach vielen Abenteuern fliehen
wir vom Todesstern zurück zum
Rebellen-Stützpunkt. Ich möchte
weiter mit den Rebellen gegen das
Imperium kämpfen.

Rebellenpiloten sind sehr mutig. Als Nächstes wollen wir den Todesstern zerstören. Das ist sehr gefährlich. Aber ich lerne die Macht zu nutzen.

Die Macht
Die Macht ist eine Energie, die alle Lebewesen
durchströmt. Jedi-Ritter nutzen sie für das Gute.
Sith-Lords nutzen die dunkle Seite für böse Taten.

Ich fliege ein Raumschiff namens
X-Flügler. Die imperialen Piloten
greifen uns in TIE-Jägern an.
Zum Glück lande ich einen Treffer
genau in die Mitte des Todessterns.
Der Todesstern explodiert.

Meine erste Mission war ein großer Erfolg. Die Rebellen haben gesiegt. Alle sind sehr glücklich. Ich fühle mich wie ein Held. Doch es ist anstrengend, ein Rebell zu sein. Überall sind imperiale Spione, daher müssen wir immer auf der Hut sein.

In der neuen Rebellenbasis auf
Hoth ist es sehr kalt.

Die imperialen Truppen haben unsere neue Basis entdeckt. Die Sturmtruppen kommen mit riesigen AT-AT-Läufern. Sie wollen unsere Energiequelle zerstören.

Die Rebellen sind zum Kampf
bereit. Sie wollen sich wehren.

Die Schlacht ist vorbei und die
Rebellen müssen fliehen. Aber
wir kämpfen weiter!

Die Schlacht von Hoth haben wir verloren. Doch wir geben nicht auf. Wir wollen das Imperium besiegen und die Galaxis befreien. Ich reise nach Dagobah und treffe den berühmten Yoda. Ich will alles über die Macht lernen und ein großer Jedi-Krieger werden.

Yoda
Yoda ist klein, doch er ist ein sehr mächtiger und weiser Jedi. Er bildet Luke zum Jedi-Ritter aus.

Durch die Macht spüre ich, dass
meine Freunde Han Solo und
Prinzessin Leia in Gefahr sind.

Darth Vader hat ihnen in der
Wolkenstadt eine Falle gestellt.
Ich muss sie retten.

Ich hatte recht: Darth Vader ist
hier! Ich muss gegen ihn kämpfen
und meine Freunde befreien.

Die Rebellen werden immer mutiger. Es gibt einen neuen Todesstern. Wir planen ihn zu zerstören und das Imperium zu vernichten.

Der Mond von Endor
Der Waldmond von Endor ist die Heimat der Ewoks. Sie sehen zwar niedlich aus, aber sie sind zäh. Die Ewoks helfen den Rebellen den Todesstern zu zerstören.

Der Schildgenerator des Todessterns steht auf dem Mond von
Endor. Er schützt den Todesstern.

Die Rebellen greifen an und
zerstören den Schildgenerator.
Nun greifen die Rebellenpiloten
den Todesstern an.

Ich muss gegen den Imperator
kämpfen. Er ist stärker als ich!
In letzter Sekunde besinnt sich
Darth Vader auf das Gute. Er
beschützt mich und wendet sich
gegen den Imperator. Die Rebellen
gewinnen. Die Galaxis ist frei.

Lukes Freunde

Yoda

Chewbacca
und Han Solo

Prinzessin Leia

C3-PO und R2-D2

Lukes Feinde

Darth Vader

Imperator Palpatine

STAR WARS™
REISE DURCH DAS WELTALL

von Ryder Windham

Komm mit auf eine Reise in die *Star Wars*-Galaxis!
Sie liegt weit, weit entfernt im Weltraum. Dort gibt es viele Sterne und Planeten.

Der wichtigste Planet heißt
Coruscant. Er ist von einer
riesengroßen Stadt bedeckt. Es
gibt viele hohe Wolkenkratzer.

Jedi-Ritter
In der *Star Wars*-
Galaxis leben viele
Wesen. Coruscant
ist die Heimat
der mächtigen
Jedi-Ritter.

Yoda

Auf dem Planeten Naboo leben
Menschen und Gungans.
Die Menschen wohnen in schönen
Städten auf dem Land.
Die junge Padmé Amidala ist die
Königin von Naboo.

Königin
Amidala

Gungans leben in
Städten unter
Wasser. Sie gehen
auch manchmal
an Land. Einige von
ihnen sind ein bisschen
tollpatschig. Jar Jar
Binks ist ein Gungan.

Jar Jar
Binks

Podrennen
Tatooine ist berühmt
für seine Podrennen. Das
ist ein gefährlicher Sport:
Schnelle Fahrzeuge liefern sich
ein Rennen durch die Wüste.

Der Planet Tatooine ist von
einer staubigen Wüste bedeckt.
Am Himmel stehen zwei Sonnen.
Es ist sehr heiß.
Tatooine ist ein gefährlicher
Planet. Es gibt dort Räuber und
Schmuggler.

Der Planet Kamino ist von Wasser bedeckt. Die Bewohner haben Städte auf starken Metallpfählen gebaut, die aus dem Wasser ragen.

Die Kaminoaner sind sehr groß und haben lange Hälse. Sie reiten auf geflügelten Tieren durch Luft und Wasser.

73

Auf Geonosis gerät man besser nicht in Gefangenschaft. Gefangene müssen in einer Arena gegen riesige Ungeheuer kämpfen.

Riesige Arena
Die Arena ist aus Stein gebaut und hat viele Sitzplätze.

Diese Ungeheuer stammen von anderen Planeten. Die Geonosianer sehen aus wie Insekten. Sie schauen sich die Kämpfe zum Spaß an.

Chewbacca

Tarfful

Auf Kashyyyk gibt es Wälder mit
hohen Bäumen und flachen Seen.
Hier ist die Heimat von Wookiees
wie Chewbacca und Tarfful.
Sie sind groß und haben langes,
struppiges Fell. Ihre Sprache
klingt wie Grunzen und Brüllen.

Gute Freunde
Chewbacca ist der
Freund von Han Solo.
Zusammen steuern
sie das Raumschiff
Millennium Falke.

Der Planet Utapau
hat viele tiefe Löcher.
Die Bewohner von
Utapau graben Tunnel
in die Felsen und ver-
binden die Löcher
miteinander.

Auf dem Planeten
leben auch noch
andere Wesen.

Ein Pau'aner

Die Utai leben in
Löchern im Boden.

Riesige Varactyle
streifen durch
das felsige Land.
Sie können gut
klettern.

Ein Utai

Die Utai reiten auf
den Varactylen.

Ein Varactyl

Der Planet Mustafar ist von Feuer speienden Vulkanen bedeckt, aus denen Lava fließt. Lava ist heißes, geschmolzenes Gestein. Schwarzer Rauch verhüllt den Himmel. Kein Sonnenstrahl dringt hindurch. Es ist sehr heiß.

Kampf auf Mustafar

Der Jedi-Ritter Obi-Wan Kenobi kämpft auf Mustafar gegen Anakin Skywalker. Anakin war einst ein Jedi, doch er hat sich der dunklen Seite zugewandt und ist jetzt böse. Obi-Wan siegt über Anakin.

Der Asteroid Polis Massa hat ein Krankenhaus. Hier werden Weltraumreisende behandelt, wenn sie krank sind.

Medidroiden sind spezielle Roboter. Sie helfen den Ärzten.

Medidroide

Ärzte von
Polis Massa

Geburt

Padmé Amidala brachte auf Polis Massa ihre Zwillinge zur Welt.

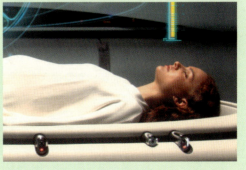

Der Mond Yavin 4 ist von dichtem Urwald bedeckt. Die Ruinen alter Gebäude ragen über die Bäume. Die Gebäude heißen Tempel.

Die Soldaten von Yavin 4 steigen auf die Dächer der höchsten Tempel. Sie halten Ausschau nach feindlichen Sternenjägern.

Was ist in den Tempeln?

Einst parkten Sternenjäger in den Tempeln. Es gab auch Räume, wo die Menschen essen und schlafen konnten.

Der Eisplanet Hoth ist sehr kalt.
Man muss aufpassen, damit man
nicht erfriert.

Auf Hoth reiten die Menschen auf
großen Tieren, den Tauntauns.

Tauntaun

Der Wampa lebt
in einer Eishöhle.
Er hängt seine
Beutetiere an der
Höhlendecke auf.

Dieser Wampa hat einen Jedi-Ritter
gefangen. Doch der Jedi entkommt.

Auf dem Planeten Dagobah gibt es Sümpfe und dichte Wälder. Die Luft ist feucht und es regnet oft. Hier leben viele seltsame Tiere und es gibt giftige Pflanzen.

Der Jedi-Meister Yoda lebt in einer kleinen Hütte auf Dagobah. Keiner weiß, dass er dort ist.

Bruchlandung
Der junge Pilot Luke Skywalker stürzt mit seinem Sternenjäger auf Dagobah ab. Yoda findet Luke und bringt ihn in sein winziges Haus.

Die Wolkenstadt schwebt am
Himmel über dem Planeten Bespin.

Ihre belebten Geschäfte,
Restaurants und Hotels
ziehen viele Besucher an.

Ein Wolkenwagen

Wolkenwagen fliegen durch die
Stadt. Sie bieten zwei Passagieren
Platz.

Der Waldmond des
Planeten Endor ist
die Heimat der pelzigen
Ewoks. Sie leben auf Bäumen.
Ewoks benutzen einfache
Werkzeuge und Speere.

Nachts bleiben die Ewoks in ihren Dörfern hoch oben in den Bäumen.

Wir hoffen, dass dir deine Reise durch die Galaxis gefallen hat. Komm bald wieder!

Faszinierende Fakten

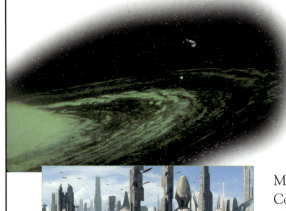

In der *Star Wars*-Galaxis gibt es Millionen und Abermillionen von Planeten und Sonnen.

Manche Wolkenkratzer auf Coruscant sind über einen Kilometer hoch.

Die Königin von Naboo lebt im Königlichen Palast. Der Palast hat große Fenster und polierte Steinböden.

Die Bäume auf Kashyyyk sind sehr hoch. Die Wookiees bauen Baumhäuser.

Tauntauns haben ein dickes, graues Fell. Es schützt sie vor der Kälte auf Hoth.

STAR WARS™
R2-D2 UND
SEINE FREUNDE

von Simon Beecroft

R2-D2

Das ist R2-D2. Er ist eine schlaue Maschine, ein sogenannter Droide.

R2-D2 spricht, indem er pfeift und piept. Er kann mit anderen Droiden sprechen. Auch manche Menschen können ihn verstehen.

R2-D2 ist nicht sehr groß. Aber er ist nicht schüchtern. Wenn er wütend ist, springt er auf und ab und stampft mit dem Fuß.

Kleiner Droide
R2-D2 ist fast einen Meter groß. Anakin war als kleiner Junge nicht viel größer.

Was Droiden arbeiten

R2-D2 ist ein Astromechdroide. Solche Droiden kümmern sich um Raumschiffe. Manchmal helfen sie auch Menschen beim Steuern von Raumschiffen.

R2-D2 hilft Anakin das Raumschiff zu fliegen.

R2-D2 kann mit den Computern sprechen, die die Raumschiffe steuern. Dazu steckt er ein Spezial-gerät in den Computer.

In R2-D2s Körper sind viele Geräte versteckt. In einem Fach steckt ein Greif-arm, den er aus-klappen kann.

Antrieb

R2-D2 rollt auf drei Füßen mit
Rädern. An der Seite hat er
Raketendüsen. Damit kann er
ein kleines Stück fliegen.

Geheimbotschaft
R2-D2 kann Nach-
richten aufnehmen.
Hier spielt er Prinzes-
sin Leias Botschaft
für Obi-Wan Kenobi
ab.

R2-D2 kann um die
Ecke sehen. Unter Was-
ser hat er ein Spezial-
auge. Es fährt oben aus
seinem Kopf heraus.

Gefährliche Missionen

R2-D2s Leben ist sehr aufregend. Einmal reparierte er Padmé Amidalas Raumschiff von außen – während des Fluges!

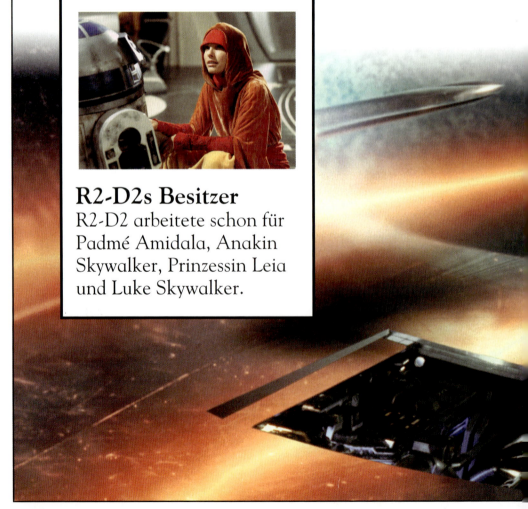

R2-D2s Besitzer
R2-D2 arbeitete schon für Padmé Amidala, Anakin Skywalker, Prinzessin Leia und Luke Skywalker.

Einmal nahmen ihn Jawas gefangen. Sie verkauften ihn an Luke Skywalkers Onkel, Owen Lars.

R4-G9   R5-X2   R4-A22

Astromechdroiden

Es gibt verschiedene Astromech-
droiden. R2-D2 ist einer von ihnen.

In Padmé Amidalas
Raumschiff arbei-
tete R2-D2 mit
vielen anderen
Droiden zusammen.

R4-P17 hatte eine rote Kuppel. Er war in Obi-Wan Kenobis Raumschiff eingebaut. Leider zerstörte ein böser Buzz-Droide R4-P17 in einer Weltraumschlacht. Onkel Owen hätte fast den Droiden R5-D4 gekauft. Doch der war defekt: Sein Kopf explodierte. Daher kaufte Owen den treuen R2-D2.

R5-D4

C-3PO

R2-D2s bester Freund ist ein goldener Droide namens C-3PO. R2-D2 hat vor nichts Angst. Aber C-3PO macht sich ständig Sorgen.

C-3PO ist ein Protokolldroide. Er kann alle Sprachen des Universums sprechen und hilft den Lebewesen in der Galaxis miteinander zu reden.

Blechbüchse
Anakin Skywalker hat C-3PO gebaut. Zuerst hatte C-3PO keine Metallhülle. Man konnte all seine Drähte und Teile sehen. Er fühlte sich ganz nackt!

Klappriger Droide

Manchmal verliert C-3PO Teile.
Zum Glück tut ihm das nicht weh
und er kann repariert werden.

In einer Fabrik nahm eine große
Maschine C-3PO den Kopf ab.
Dann setzte sie einen anderen Kopf
auf seinen Körper. R2-D2 fand den
richtigen Kopf.

*C-3PO
bekommt
seinen Kopf
zurück.*

Einmal wurde
C-3PO in alle
Einzelteile
zerlegt.

Zum Glück
kam ihm
sein Freund
Chewbacca
zu Hilfe.

Sauberer Droide
C-3PO nimmt gerne
ein Ölbad. Es befreit
seine Teile von Staub
und Schmutz. Danach
fühlt er sich wieder
wie neu.

Große Abenteuer

C-3PO und R2-D2 haben zusammen viele Abenteuer erlebt.

Einmal reisten sie zum Palast von Jabba dem Hutt, um Han Solo zu retten. Doch Jabba nahm sie gefangen. C-3PO musste für ihn arbeiten und R2-D2 musste Getränke servieren.

Auf einer Mission traf C-3PO
die pelzigen Ewoks. Sie leben in
Baumhäusern. Die Ewoks dachten,
der goldene Droide hätte magische
Kräfte.

Protokolldroiden

Die meisten Protokolldroiden sind friedlich. Es gibt aber auch gefährliche Droiden.

TC-14 wollte Qui-Gon Jinn und Obi-Wan Kenobi hereinlegen. Sie führte sie in einen Raum mit Giftgas. Die Jedi konnten fliehen.

TC-14 sieht aus wie C-3PO. Sie ist aber silbern, nicht golden.

4-LOM sieht
C-3PO ähnlich,
aber sein Kopf
sieht ein bisschen
wie ein Insekt aus.

4-LOM

Er arbeitet für den bösen Darth

CZ-3

Vader. Einmal sollte er
Han Solo gefangen
nehmen.

CZ-3 war ein Pech-
vogel. Er verlief
sich und wurde von
einem Gangster zer-
stört. Schrotthändler
stahlen seine Einzelteile.

Droiden sind überall

Droiden machen alle möglichen
Arbeiten. Dieser Wächterdroide
bewacht das Tor zu Jabbas Palast.
Wenn Besucher anklopfen, steckt
er sein Auge durch ein Guckloch
in der Tür.

GNK-Droiden
machen viel Lärm.
Sie laufen auf
zwei Beinen und
versorgen Maschi-
nen mit Energie.
Man nennt sie auch
Gonkdroiden.

Gonkdroide

Die kleinen Mausdroiden
reparieren und reinigen Maschinen.
Sie wuseln um deine Füße herum.
Vorsicht, nicht
stolpern!

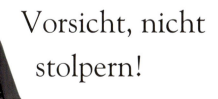

Mausdroide

115

Medidroiden

Wenn jemand krank oder verletzt ist, versorgen Medidroiden ihn. Darth Vader wurde im Kampf mit Obi-Wan Kenobi verletzt. Die Droiden gaben ihm mechanische Arme und Beine, eine schwarze Rüstung und einen schwarzen Helm.

Einmal wäre Luke Sky-
walker fast erfroren, als
er sich im Schnee auf
dem Planeten Hoth
verlaufen hatte. Der Medidroide 2-1B behandelte Luke, bis er
wieder gesund war.

Diese Hebammen-
droiden halfen
Padmé Amidala
bei der Geburt von
Luke und Leia.

Gefährliche Droiden

Manche Droiden sind
nicht nett. Sie haben
Blastergewehre und
andere Waffen.

Kampfdroide

Droidekas rollen wie Kugeln in
die Schlacht. Sie
schützen sich mit
einem Schild aus
Energie. Sie haben
zwei Blastergewehre.

Droideka

Spinnen-
droiden
laufen auf
vier Beinen.
Mit mächtigen

Spinnendroide

Kanonen schießen sie auf jeden,
der ihnen zu nahe kommt.
Droidensternenjäger können sogar
im Flug schießen. Sie können auch
auf ihren Flügelspitzen laufen. Geh
ihnen lieber aus dem Weg!

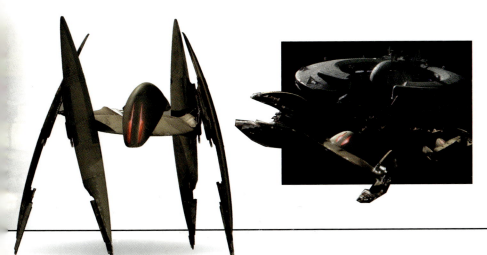

Darth Maul

Spionagedroiden

Wen mögen diese Droiden
beobachten?

*Spionage-
droide*

Darth Mauls Spionage-
droiden fliegen umher.
Sie suchen Königin
Amidala und die Jedi
Qui-Gon Jinn und
Obi-Wan Kenobi.

Sondendroiden
spüren Darth
Vaders Feinde
auf. Diesen
hier zerstört
Han Solo
mit seinem
Blaster.

Imperiale Droiden
Überall sieht man kleine
Spähdroiden. Sie spüren
für die Sturmtruppen
Gegner auf.

Klein, aber oho

Wenn R2-D2 angegriffen wird, wehrt er sich: Er stößt Rauchwolken aus und gibt Lärm und lautes Pfeifen von sich.

Einmal zerstörte R2-D2 einen gefährlichen Buzz-Droiden, der Anakin Skywalkers Raumschiff angriff.

Aber dir wird R2-D2 keine Angst einjagen. Du bist sein Freund. Hör mal: „Piep huuut uuu!"
R2-D2 sagt dir Auf Wiedersehen.

Auf Wiedersehen, R2-D2!

Teste dein Wissen

Welche dieser Droiden sind freundlich,
welche nicht?

Gut Böse   Gut Böse

Gut Böse   Gut Böse

STAR WARS™
TAGEBUCH
EINER KÖNIGIN

von Simon Beecroft

Ich heiße Padmé Amidala. Ich bin die Königin meines Planeten. Ab heute schreibe ich in mein Tagebuch. Mein Leben ist nämlich sehr aufregend. Ich will nichts vergessen.

Meine Welt
Wer dieses Tagebuch liest, weiß vielleicht noch nichts über meine Welt. Deshalb werde ich ein wenig von ihr erzählen.

Heute wollte ich die Zimmer in meinem Palast zählen. Ich habe mich verzählt, denn mein Palast ist so riesig. Ich werde ihn wohl nie ganz erkunden können.

Ich bin gerne in einem der höchsten Räume meines Palastes.

Von dort sehe ich große Wasserfälle.

Sie stürzen an der Seite des Bergs herab.

Heimatwelt
Ich lebe auf einem Planeten namens Naboo. Naboo ist ein kleiner Planet. Er ist sehr schön.

Heute haben mich viele wichtige Menschen besucht. Fremde Leute wundern sich oft darüber, wie jung ich bin. Ich bin erst 14 Jahre alt. Alle Königinnen auf meinem Planeten sind jung. Ich bin nicht einmal die jüngste. Trotzdem möchte ich eine gute Königin sein.

Landgleiter

Heute früh bin ich in einem schnellen Langgleiter gefahren. Ich liebe das! Ich düste durch die Stadt und sah mir die schönen Häuser an. Viele Leute winkten mir zu.

Mein Palast steht in der größten Stadt von Naboo. Aber ich habe nicht immer hier gelebt. Ich wurde in einem Bergdorf geboren.

Die Naboo
Die Menschen auf meinem Planeten heißen auch Naboo. Sie leben in Städten und Dörfern. Ich bin eine von ihnen.

Heute habe ich etwas über die Gungans gelernt. Die Gungans leben auch auf meinem Planeten. Sie sind in Städten unter Wasser zu Hause. An Land können sie auch leben. Ich würde gerne einen kennenlernen.

Bewohner
Die Naboo und die Gungans begegnen sich selten. Sie sind keine Feinde, aber auch keine Freunde.

Gungan   *Naboo*

Ich denke oft an meine Familie. Ich erinnere mich gerne an meine Kindheit im Dorf.

Schon als kleines Kind war ich sehr klug. Meine Lehrer merkten das und förderten mich. Später wählten die Menschen mich zu ihrer Königin. Das war der stolzeste Tag meines Lebens!

Padmé

Sola

Ruwee   Padmés Familie   Jobal

Eirtaé

Rabé

Ich habe viele Zofen. Sie kümmern sich um mich und helfen mir beim Ankleiden. Sie beschützen mich auch.

Meine Zofen sind auch meine Freundinnen. Eirtaé und Rabé sind zwei meiner Zofen.

Königskleid
Auf Naboo sind Könige und Königinnen besonders gekleidet und geschminkt. Ihr Haar tragen sie auf eine ganz spezielle Art.

Heute fliege ich zu einem anderen Planeten. Mein Raumschiff ist silbern und glänzt in der Sonne.

Raumschiffe
Naboos Könige und Königinnen fliegen silberne Raumschiffe. In meinem gibt es sogar einen Thron.

Niemand sonst hat solch ein
Raumschiff. Ich lerne sogar es
selbst zu fliegen.

Sabé

Manchmal ist es nicht leicht, eine
Königin zu sein. Jeder erkennt
mich. Sabé ist eine meiner Zofen
und meine beste Freundin.

Verkleidete Padmé

Manchmal verkleidet sich Sabé als Königin und ich verkleide mich als Zofe. Dann sprechen wir in einer Geheimsprache.

Etwas Furchtbares ist passiert. Mein Planet wurde angegriffen. Feindliche Soldaten wollten mich fangen. Doch zwei Jedi-Ritter haben mich gerettet. Ich hatte schon von den Jedi gehört. Sie reisen umher und helfen Menschen in Not.

Droidensoldaten
Die feindlichen Soldaten
sind Maschinen. Man
nennt sie Droiden. Sie sind
bewaffnet und gefährlich.

Nun fliehen wir von
Naboo. Wir müssen
Hilfe für mein Volk
suchen.

Wir sind auf einem fremden
Planeten gelandet. Ich
war verkleidet. Niemand
hat erkannt, dass ich eine
Königin bin. Ich habe dort
einen Jungen getroffen. Er
ist ein Sklave. Das heißt, er
gehört einem Herrn, den er
nicht verlassen darf.

Anakin ist ein ganz besonderer Junge. Er findet, dass ich wie ein Engel aussehe. Ich glaube, wir werden Freunde sein.

Die Jedi glauben,
dass Anakin
besondere Kräfte
hat. Sie wollen
ihn befreien, denn
sie glauben, dass
Anakin einmal ein
Jedi werden kann.

Tolle Neuigkeiten! Anakin ist frei!
Er hat ein gefährliches Podrennen
gewonnen. Nun können wir Hilfe
für Naboo bekommen.

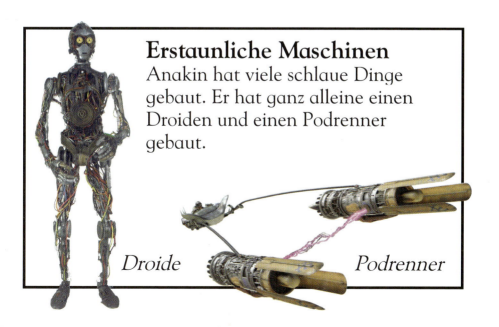

Erstaunliche Maschinen
Anakin hat viele schlaue Dinge
gebaut. Er hat ganz alleine einen
Droiden und einen Podrenner
gebaut.

Droide

Podrenner

Heute wurde ich zur Kämpferin.
Niemand will meinem Volk
helfen. Also muss ich ihm selbst
helfen. Die Jedi und ich bitten
die Gungans um Unterstützung.

Gemeinsam bilden wir eine Armee.
Wir kämpfen gegen die Droidensoldaten. Die Gungans sind mutig.

Waffen
Die Gungans
benutzen im
Kampf viele
Waffen, zum
Beispiel diese rie-
sigen Katapulte.

Mein Planet ist frei!

Anakin hat uns geholfen. Er hat
das Raumschiff der Droiden zur
Explosion gebracht. Jetzt können
die Droiden nicht weiterkämpfen.

Ob Anakin einmal ein
berühmter Jedi wird?
Vielleicht sehe ich
ihn irgendwann
wieder …

Orte, die ich besucht habe

Ich bin in die Sümpfe auf meinem Planeten gereist.
Die Gungans haben dort einen geheimen Treffpunkt.

Ich bin in das Zentrum der Galaxis geflogen
und habe den Planeten Coruscant besucht.
Eine riesige Stadt bedeckt den ganzen Planeten.

Mit dem Jedi Qui-
Gon Jinn war ich
auf dem Planeten
Tatooine. Wir sind
in eine belebte Stadt
gegangen.

Auf Tatooine habe
ich ein Podrennen
besucht. Eine riesige
Menge Zuschauer
war dort versammelt.

Glossar

AT-AT-Läufer
Bewaffnete Kampfläufer. Sie
bewegen sich auf vier Beinen fort.

Droide
Eine Art Roboter. Manche
Droiden sind sehr schlau. C-3PO
und R2-D2 sind Droiden.

Feuchtfarm
Unterirdische Farmen auf Wüsten-
planeten wie Tatooine. An der
Oberfläche dort ist es für Pflanzen
zu heiß und zu trocken.

Galaxis
Eine Ansammlung von vielen
Millionen Sternen und Planeten.

Gangster
Ein Verbrecher.

Hyperantrieb
Triebwerk, mit dem ein Raumschiff
sehr schnell fliegen kann.

Imperator
Der Herrscher über das Imperium.
Weil er böse ist, wollen die Rebel-
len ihn stürzen.

Imperium
Das Reich des bösen Imperators
Palpatine.

Jawa
Kleine Lebewesen mit Kapuzen. Sie
verkaufen Droiden und technische
Geräte auf dem Planeten Tatooine.

Jedi-Ritter
Jedi-Ritter haben besondere Kräfte.
Sie kämpfen für das Gute in der
Galaxis.

Karbonit
Ein Metall, in das man Waren
zum sicheren Transport einfrieren
kann.

Katapult
Große Schleuder, die Steine oder
Energiekugeln auf den Gegner
wirft.

Kopfgeldjäger
Kopfgeldjäger fangen eine
gesuchte Person und bekommen
dafür eine Belohnung. Sie arbeiten
oft für Gangster.

Kopilot
Er hilft dem Piloten beim Steuern
eines Raumschiffs.

Landgleiter
Kleines, schwebendes Fahrzeug,
mit dem man über Land fahren
kann.

Macht

Eine geheimnisvolle Energie, die alle Lebewesen durchströmt. Sie verleiht manchen Lebewesen besondere Kräfte. Die Macht hat eine helle und eine dunkle Seite. Die Jedi nutzen die helle Seite für das Gute, die Sith-Lords verwenden die dunkle Seite für böse Taten.

Palast

Sehr großes, schönes Haus mit vielen Zimmern. Könige und Königinnen wohnen in einem Palast.

Podrenner

Schwebender Rennwagen. Auf dem Planeten Tatooine finden schnelle und gefährliche Podrennen statt.

Rebell

Ein Rebell kämpft gegen einen Herrscher, der sein Volk schlecht behandelt.

Schildgenerator

Diese Maschine erzeugt einen unsichtbaren Schutzschild.

Schmuggler

Jemand, der heimlich verbotene Waren in ein Land bringt.

Schmuggelgut

Gestohlene oder geheime Waren.

Sith-Lord

Ein böser Krieger, der die dunkle Seite der Macht nutzt, um andere zu unterdrücken.

Sternenjäger

Ein kleines, schnelles Raumschiff für eine Person.

Sturmtruppen

Diese Soldaten kämpfen für den Imperator. Du erkennst sie an ihren weißen Rüstungen.

Traktorstrahl

Ein unsichtbarer Strahl, der schwere Lasten ziehen kann.

Wookiee

Ein haariges Lebewesen vom Planeten Kashyyyk. Chewbacca ist ein Wookiee.

Zofe

Dienerin, die einer Königin hilft.

Register